空灵

简媜 著

长江出版传媒　长江文艺出版社

图书在版编目（CIP）数据

空灵 / 简媜著. -- 武汉：长江文艺出版社，
2017.5（2025.5 重印）
　ISBN 978-7-5354-9188-6

　Ⅰ. ①空… Ⅱ. ①简… Ⅲ. 散文集－中国－当代
Ⅳ. ①I267

中国版本图书馆 CIP 数据核字 (2016) 第 249257 号

湖北省版权局著作权合同登记图字 17-2015-360 号

本著作物经厦门墨客知识产权代理有限公司代理，由作者简媜授权
长江文艺出版社有限公司，在中国大陆出版、发行中文简体字版本。

责任编辑：孙　琳　　　　　　　　　责任校对：程华清
封面设计：壹　诺　　　　　　　　　责任印制：邱　莉　杨　帆

出版：长江出版传媒　长江文艺出版社
地址：武汉市雄楚大街 268 号　　　　邮编：430070
发行：长江文艺出版社
电话：027－87679360
http://www.cjlap.com
印刷：湖北金港彩印有限公司

开本：880 毫米×1230 毫米　　1/32　印张：6.125　插页：2 页
版次：2017 年 5 月第 1 版　　　　2025 年 5 月第 9 次印刷
字数：108 千字

定价：32.80 元

李白、杜甫、王维、苏东坡，

我随他们登临山川、慨叹光阴，

在亘古的苍茫里放牧灵魂。

千年呼唤

一切都是注定的。

藏在山峦与海洋之间的兰阳平原把山水诗的种子埋入我的童身。在季节流转中，不断变换的自然丽景洗了我的眼、开了我的耳；夜晚自学校返家，一只突然跃过田埂的野蛙，一肩柔和的月光，比书包里任何一张考卷更能安慰年少且茫然的心。我以为我长大了该告别童年，怎知埋在童身里的诗情画意也撑开筋骨长高长壮。

我这一代是被古典诗词养大的。小学"国语"课本选的唐诗还算简单，一上中学，唐诗宋词元曲铺天盖地而来。马致远《天净沙》乃是必选必考，在含苞待放的无邪年纪，穿制服的少年少女诵读"枯藤老树昏鸦"，诵得心里蒙了一层灰灰的说不清的感觉，诵到"夕阳西下，断肠人在天涯"，倏地把一颗心弄老了几十岁。

大学念梦寐以求的中文系，案头、床头书总有唐诗宋词，台大醉月湖畔柳深藏雀，我爱大清早独自去湖畔诵诗，享受着与大诗人们共游山水的乐趣，千年百岁的时间此时化成一尾知趣的蛇，静静缩在暗处，不出来惊吓我与诗人们的秘密约会；李白、杜甫、王维、苏东坡，我随他们登临山川，慨叹光阴，在亘古的苍茫里放牧灵魂。

这就是山水诗迷人的地方，年轻的身躯还在春天，但心灵已绕过好几个残冬，储蓄了千百年前诗人们的感慨：关于家国社稷、游子乡愁、生命抒怀、忆旧怀友……故朝阳般的青春时光竟同时展现了斜阳心情，明明是一个爱笑爱闹的少年，却好似心里住了个历尽沧桑的旅人。

在我的写作生涯里，《空灵》这本书是个意外，原是接受一家出版社的古典诗套书策划，自选喜爱的山水诗书写赏析。我接受后却迟疑了——单纯地书写读诗心得，实在没多大意思。我寻思甚久，既然是"我读诗"，那么"我"是谁呢？是现实中面目清楚的这个我？还是灵思飘游、千年百岁尽在一叹里的那个"我"呢？我决定采用后者，用抒情笔法完成一趟徜徉于山间水湄的心灵之旅。

因此，所选的山水诗，乃刻意成全心灵旅程的写作意图，故不着重原诗解释，而是撷取心心相印的读诗感受，据此铺排、发扬。由于抒情写意的笔法中颇有唯美之处，这本小品书也最具有"画意"想象，可惜历来出版它的出版社未能在这方面着墨，如今能有如此新颖唯美的面目，更能让人目遇而成情，结下一段山水深缘。

一切都是注定的，我们读诗，冥冥之中仿佛诗也读着我们；隔着岁月洪涛，我们浸入古典诗中扣问生命之时，仿佛听到，千年前诗人已对我们声声呼唤。

简媜于2016年10月31日

牵动一潭星

我不善于守约，使得这书延宕了两年才变成铅字。

写书人，也会在自己的字里行间迷路，这是事实。两年前，本以为摘选心喜的山水诗，做一趟心灵之旅，应是驾轻就熟的；后来，愈走愈远，好比网鱼的人被江面的星辉吸引了，拿网去捉星。

山水诗里那份对人世的沉重悲情，对乾坤的无止境探问，使诗中的一山一水，隐喻了一人一情。

我起初见山是山，见水是水；以为依山走笔，随水流墨便是了。

　　而后发现山是人的山，水是人的水。不管是幽篁里抚琴的高旷，或烟寺晚钟的清寂，中国的山水诗总是与人世互证。幽州台、黄鹤楼，皆诗人胸中块垒。

　　所以，我虚构了一个旅人，走过二十七首诗词曲，始于《空山灵雨》，止于《雪夜柴屋》，追寻他最后的归宿。每首诗，或取其意象，烘托旅人流浪的过程；或取其情境，暗合他那躁动的宿命。

　　山水诗，无时代之隔。王维的空山，张继的夜半钟声，依然在我们心中。诗人不是要我们逆溯到唐朝，去寻访某山某寺，他要百代千年后的我们，去叩访自己的空山，聆听心内的夜半钟声。则这山才是连接唐宋元明至今不灭的山，那钟声也才是永远在时空中轻敲的大音。

　　山水之所以令人流连，因为我们活在人世，悲喜在人世；山水诗之所以引人长叹，因为它直指内心视野，唐人之心，宋人之心，今人之心。

　　所以，我的旅人也不刻意落实在某个时代。一方面，生怕着了现代的实相，会干扰原诗之美；再者，旅人本是不分时代的。

与其说，我拨动二十七首诗如二十七弦，不如说，或在唐，或在宋，或在元，那些以山为琴、以水作弦的诗人，老早拨了我。

　　　　　　　　　　　　　　　1991年元宵节于台北深坑

目录

第一卷

空山灵雨

你以为野兽出没的山最险吗？

不，你记得，

空山最险。

【题西林壁】

宋·苏东坡

横看成岭侧成峰，
远近高低各不同。
不识庐山真面目，
只缘身在此山中。

天光草舍

　　我在天光初透的草舍里醒来，不确定今日的晨光将指引我步上哪一条旅路。

　　昨夜独品的茶，已经冷却，像经过的每一处驿站，都应该离弃，让它们如秋天的黄叶落了，落在记忆的湖泊上。

　　鸟声如牧笛，催促它所放牧的旅人应该出门。木门前的槐树，此时安静地等候苏醒，它属于春所放牧的。我会记得曾经有一间草舍收容过我疲惫的身躯，曾经木门前有一棵小槐树，与春天订过约的，现在，我要出门了，它忘了跟我道别。

　　草径淹没我的足印。隔溪岸，早起的村姑正在浣衣，我听不见

溪水被她们的手指戏弄得怎样喧哗，但我瞧
见那更小的姑娘在两棵桃树之间架起竹竿，
此时正从浣衣女的手中接过一件衣裳，披在
竹竿上像摊开年轻姑娘的心事。那小的一定
瞧见我了，她像小蛇钻进草丛一般蹲在姐姐
的身旁，耳语，两双眼睛哆哆嗦嗦地望我，
又假装正在专注地浣衣，以掩饰她们更神秘
的耳语。

她们会怎样说起我呢？

"瞧！他多老态哟！大清早赶哪根肠子
的路？"

"我打赌他还未喝小米粥就出门的！"

"他上哪儿去？昨晚才进村的，爹爹说
来了个客！"

"谁家的客？"

"你问他去。"

"你心急，你问他去。"

"我打赌他会再回来，说不准明儿早，
咱们洗衣裳，又瞧见他。"

"哟！看你洗衣裳，你美！"

"他娶亲了吧，这岁数早做爹了！"

"你问他去！他过桥了，嘘，他在瞧我们……"

"我替你问：嘿！哪家的，我家姐姐有话问你……"

"死丫头你！"

她们这样议论我的吧！但我知道，当桃花都开了春，她们会议论上哪儿买桃色的绣线编几件春衫；桃花流了水，她们还怕没处密谈吗？赌哪一棵的桃子甜些，那赌输的定会噘着嘴说："我顶爱酸的，怎样！"

我但愿时光永远以亲昵的姿态流过她们的生命，带引她们安憩于桃花坞，健壮的神永远聆听天真的姑娘的耳语。

那么，我是不应该走上前去，告诉她们一个旅人的故事，我多么害怕惊扰等待中的花苞啊！

旅人应该往生命的群山走去，探测路的险巇，丈量峰壁上青苔的长度，并继续以剩余的力气叩问山的真面目。

【鹿柴】

唐·王维

空山不见人，
但闻人语响。
返景入深林，
复照青苔上。

石径爪痕

我履着野兽的爪痕，登上山的石径。

莫要惊扰什么了，在愈行愈深的山里。

这冬与春正在密谈的季节，连阴晴也不辨了，我单薄的一个凡人，又怎能从山草眠睡的姿态猜测雪的重量，及风的千军万马？那爪痕又该是哪一头兽的？是频频回头的梅花小鹿吗？抑或是村牛，歇工的时候踱着步，来到石径上擦它的蹄泥，以为了断当日的红尘，便可以老僧入定。

在忧愁尚未发现我，成天只知道追逐小牛犊取乐的年纪，有一天，星空下，那蓄着白髯的邻翁问我：

　　"你这双脚将来要走长路的，考考你，打比方说，你现时要上大山，遇到两个人，一个呢也要上大山，另一个呢刚从大山下来，你问谁路呢？"

　　我不明白这有什么不同，但故意很用力地想，要说个了不得的答案给他：

　　"甭问路，爷，我熟！"

　　"我说别处的大山，你没去过的。"

　　"爷，我问上山的。"

　　他似乎有些惊愕，又和气地追问："怎说？"

　　"唉，爷，有伴儿嘛！那下山的急急忙忙赶回家喽，有工夫说话吗？上山的一个道儿，咱们一块吃大饼抓猪雏，还喝酒哩！"

　　他嗯哼地吟哦一会儿，遥望远空的星点，仿佛回想往昔的事件；又像凝眸草丛里的流萤，从幽微的火光中预见了什么。

　　"如果，你的伴儿落了陷阱，死了呢？"

　　我不曾提防有此一问，觉得十分无稽，两个牛劲的人，会中什么陷阱？山能有多险，了不得像中猎枪的大黑熊，都倒地了，还看不准几根毫毛吗？我说：

　　"不会的，爷，我们气力够！"

　　"若会呢？"

　　"那……那我替他堆土馒头，往后烧纸钱。"

　　我突然感到黯然，仿佛真的死了伴儿。我想明早去敲顺子他家的门，我刚刚拿他当伴儿的，他若死了我舍不得。

　　"堆了土馒头之后呢？"

　　"之后，之后我就一个人走了，爷！"

　　他与我都静默了，好像星光照临的远村近舍，都成了大小的馒头。长叹之后，爷说：

　　"你要记得，问那下山的！"

　　"怎说？爷。"

　　他的银须在月光下丝缕分明，每一根都隐藏一季风霜似的，而此时又安静而完整地成为他脸庞的一部分，再也想象不出银胡之前，那张红润的少年脸。

　　"下山的，摸清山的脾气，告给你哪里是崖，哪里是谷。你记到，年轻人仗着膀子硬，自以为抢拳就能扛山了，其实都是空拳，你以为野兽出没的山最险吗？不，你记得，空山最险！"

　　我如今懂了，爷。

　　看似平和的山，晨雾刚从山坳缓缓漫散，缭绕于苍翠的众树之间。众树各依脾性，或占据崖岸，或落籍于峰顶，彼此相安无事。同样在时间的流域里推衍各自的情节，以至于一棵猛抽绿叶的小山茶旁边，竟住着行将枯萎的老槐！山茶的嫩叶不能阻止槐叶的飘落，如同槐叶不能启示山茶的未来。山只是静默，荣枯的故事，都在里面了。

　　爷，我懂您了。在繁华的表象背后，每个人都是孤独者；指路人的话语依然留在耳内，但山已不是他登临时的山。惊险的是，在空寂的山林深处，爷，我看见自己的影子长满青苔。

【鸟鸣涧】

唐·王维

人闲桂花落，
夜静春山空。
月出惊山鸟，
时鸣春涧中。

月在青草榻上

歇宿在垒垒的石岩边，暮色看来像一匹稀薄的鱼网，网住了几颗幽微的远星，及一个游动的人。

蛇藤盘绕于树干间，我采来柔嫩的青草，铺设于地，今夜就结巢于此吧！

白日里拾阶而上，几经蜿蜒，倒也看出这山的走势；山势如一条游龙，峦与峦接合又相互推动，我藏身的这山便被另一座更丰厚的大山所怀抱，形成转弯的姿态。两山之间的空隙就由瀑布来弥补，我必须登临得更高，才能亲闻初瀑的呼啸，此时在我不远之处，只是化身为山涧而已。也许明晨，唤我醒来的，会是涧水那温柔的女声吧！

那么，晨间两位浣衣的姑娘，也与我共饮一条水了。山底的村落已到吹灯时刻，她们已将心事折叠了，连同今日的衣裳放进柜子里吧！村落在我眼下，已被深蓝的夜色拥抱着，偶有孤灯缓缓前进，那该是迟归

的夜行者！他以为自己最夜了，怎能测知还有更夜的人正目送他回归？

山的黑夜，让我分外沉静，从来不曾发现在完全的沉静里有一丝甘美，那味道不在舌尖，不在耳畔，也不在眼睛。仿佛从我躺卧的青草茎里漫溢出来的，又像从遥远而又接近的地方，水溅在石岩上传来的一种回音，引起了甘美的想象。但当我刻意去追索，青草与水声又失去原先的甘甜了。

我被自己欺蒙了吧！

沉静之所以可能甘美，是因为我的心与山悄悄结合了；而山何尝停滞过？夜色的浓淡、星空里星子的移动、山涧的流畅、花树的翻覆，以及不知憩息于何处洞穴的兽的鼾声，共同和弦才完成山的笙歌——所有的生灵放弃了它们的武装，才得以如此静好。

我所体会的甘美，便是在无所欲求的心境下，成全了山又分享了山的馨香。

姑娘们窗前的桂花会在夜间飘落吗？若我的胸臆已经呼吸了远村飘来的桂香，我也要欣然同意，她们也与我分享这一份静美了。

至于迟来的月与惊呼的鸟啼，就让山涧安抚他们吧！山的笙歌不押韵，更能容纳弦外之音。

但那羞愧的月亮似乎为自己的莽撞感到不安，悄声地走了。春山夜静，待我翻身，原来她已睡在我的青草榻上，忘了将灯吹熄。

兴亡千古繁华梦，诗眼倦天涯。孔林乔木，吴宫蔓草，楚庙寒鸦。

数间茅舍，藏书万卷，投老村家。山中何事，松花酿酒，春水煎茶。

布衣老人

海涛的繁忙，为了承载帆船。

蜂蝶的繁忙，为了探测花房。

平地里吹起野风，乃为了成全一种空旷。

但是，繁忙的心，你企求着什么？

山中一夜，无梦。却被吹落在脸上的叶子拍醒，天光从蛇藤的臂膀之隙流泻下来，像千万只山灵的眼睛，好奇地打量着我。

藤条似乎更老皱些，松萝从树干上款款地漫步于藤身，悬垂的丝缕，像遥远的往事，拂起我的记忆。

草榻经过一夜辗转，枯成干黄。我仍记得昨夜沉静中所嗅出的甘美，带着青草的幽香，而现在，这些又都成为过去了。

得到的并不比失去的多，这该是生命里无法求全的难题吧！当时一心想要的，以为要到了就等同幸福，但是得到的同时所失去的东西，却留给后来的自己慢慢去遗憾了。

人，如何能预先成熟呢？在当时当刻就能看穿得失的轻重，选择众人以为是"失"的，而能噤若寒蝉地等候它在未来成为"得"。

或者，寄生的此世，无所谓既定的得与既定的失？两者不断互相牵动、更替，轮流作为"得"，也轮流作为"失"。

涧岸，掬水浣面，一股清凉逼走五内的浊气。啊！若我不曾沉醉于尘世里，此时如何能感念涧水赐给我的冷冽？

忽然，涧岩背后，传来窸窣的脚步声，我怀疑是一只睡渴了的小兽，待到眼前，原来是一位布衣老者。

他将一只木桶掷于涧面，自己嚯嚯地喝两口水，汲水，提着木桶走了。

竟不曾发觉我，好像我是一块多长出来的岩石罢了！在深山里乍见人迹，我不知如何启口，想起这几日来，一直禁语着。

"啊——！"我听到自己的声音，从嘴边涌现出来。为了涧水，也为那位老者。

沿着水迹，拨开枝丫横生的茂林，眼前已不见老者，正在迟疑，忽然听得几声咳嗽，从侧边的密林传来，林间回荡着薄薄炊烟，老者已经生火了。

数间茅草搭成的屋舍，安静地在四季里养老。庭前铺着木板路，大约是山中欠石，随手劈了枯木，参差拼着，久而久之，木板与泥土咬合了，走起来倒也稳健。两棵高耸的老松算是院门，去岁的针叶随意散落，也不扫，也不扬，旧针新叶就这么上上下下缝出一小块人间。

我于松间小坐，拿不定主意是否与他招呼。灶房外传来劈柴的声音，间杂着他使力的鼻哼。我应该打扰他吗？还是继续我的旅程？

但是，这格局逍遥的屋舍，又引起我的好奇，数间草舍住的是谁呢？原以为会有稚子奔出，或老妇踱来，却只有晨风牵我衣袖，春阳都已经高挂了。

"老……老伯！"

我站在他背后。

他回头，"啊！……人！"吃惊地嗫嚅着，稀疏的白髯像松萝依附于朽木；眼神炯炯，似那潭山涧，倒叫我不知下文了。

"来，你劈！这块木头咬定斧头咧！"

他突然伶俐起来，豹子似的在灶前露身手，不必回头，已闻得粮食的香味了。

"我瞧瞧！……还不错，赏你粥吃！你提醒我骂那砍柴的，少捎这种硬脾气木头给我，十把斧头都不够它嚼！咱们吃粥，我饿了！呵，大日

头好，我晒死你这块坏木头！吃粥吃粥！"

他摇铃似的一串话，倒让我拘在胸口的那套知书达理、待人接物，全轰了！

竹桌上，一碟花生米，一盘酱瓜，两碗粥喘着白烟。粥气扑在脸上，恍惚间，竟错觉自己是草舍的少主了。

他也不招呼，仿佛什么事都不比吃粥重要，就算皇帝来了，也得等他喝完粥再说。嚼花生米像嚼珠玉，眉也不皱。猛地吐出一句话：

"打哪儿来的，你？"

我朝山外比了比。

"村来的！十八拐的还是三十拐的？"

我一脸狐疑。

"咳！十八拐的我熟，三十拐的不熟。我告诉你，十八拐的好人多，三十拐的肠子弯弯曲曲，专使坏！"

我懂了，从草舍算去，拐十八次路口有个村；三十拐的也有座村。

他嚯嚯喝光两碗粥，忽然吊起一只眼觑我，好像在想极遥远的事。

啪！他拍筷，桌上的花生米蹦出碟子。

"难怪眼熟！我那畜生，跟你一个大。太阳出来啰，他打从东边出门，太阳滚到西了，他没回门，你瞧瞧，迷路了，我这么想。这年头，做爹的一个样儿，做儿子的一个样儿；老的迷够了，换少的迷……"

我停着，等他把话数全，但他夹花生米嚼，仿佛话都在里头了。

"你哑巴啦? 不吭气儿! "他提掇我。

"我……我饱了! "

"饱啦! 收拾收拾, 干活去! "

他乂豹子似的蹿到另一间屋, 提着一顶斗笠, 操起一根扁担出门, 走了几步, 又走回头:

"我上三十拐骂人! 你, 自个儿管吃管住, 洗碗、晒柴、打水、院子扫一扫, 看着办! 哦, 别动那只鸡, 我许人啦! "

还是那身布衣, 忽然灭了迹。

山中无岁月, 却住着这么个老人, 从他健步如飞的鞋法, 看不出沾过多少泥沤。

洗碗、晒柴、打水、扫院子, 照着办了, 老爹。

掩在三两株桃树背后, 另一间草舍里, 我惊见漫散于地的书卷!

蛛网恣意牵连, 山中潮气蒸出书霉。缺页的, 想必是翻读过勤断了线, 如今道理拢不合了。手批的朱字多已湮灭, 遒劲的笔法不难看出少年血气, 此时却如黄土岗上的点点鬼火。

一只鸡从书堆里钻出来, 兀自朝院心踱去, 也不啼。

才看见, 鸡所窝藏的角落, 蓬头散发着一幅字, 鸡羽、尘垢已作了注疏。

兴亡千古繁华梦, 诗眼倦天涯。孔林乔木, 吴宫蔓草, 楚庙寒鸦。

下联呢? 不见下文了, 莫非拿去塞窗棂的潲雨, 还是烹茶时的火信子?

我掩门而出, 有一股郁闷的冤气从胸内涌上喉间, 终于沉沉地"啊——"了出来。

鸡啄松针, 扒弄旧泥。似乎暗示我, 汉唐风流, 都在它的爪隙。

下文呢? 在这不欲多言的深山里。

日已西斜, 出门的人尚未回门。难道老的等过少的, 捉得今日, 换少的等老的?

柴房后, 莽莽苍苍野林子, 那两座书着姓氏名讳的墓, 想必听出劈柴的刀法不是你。但是, 她比我更早知道, 你许了一只鸡给她; 而另一个人, 他一日不回门, 老爹爹, 你一日不赏他粥吃。

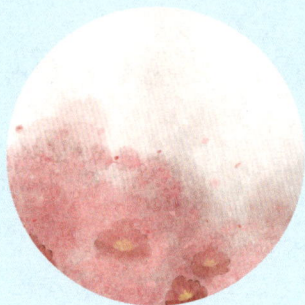

【竹里馆】

唐·王维

独坐幽篁里，
弹琴复长啸。
深林人不知，
明月来相照。

梦
鼾

布衣老人的鼾声拂吹门帘，隔着一道土墙，好似忽远忽近的海潮。

"甭收拾了，呵呵，上床与鞋子道别！"他撂下这话，步法颠荡往房里去，两只鞋儿在桌底走散，一前一后，半梦半醒，左脚不追右脚。

陈年酿的酒，在脸上回春；一股暖意，游走于五内，尖石乱岩般的心垢遂化为一阵散沙。

于是，我走出柴门，看见一轮明月。

好酒需留待好夜，好夜留待好人，知音相逢才斟好酒。客舍

二三日，此时最难得。不独人善、月清、酒醇，还得加上知己已离席，留我独自与明月叙旧，酒的余韵使天地同我畅怀。

有什么能比拟明月？周而复始逍遥天际，月牙也好，或是此时皎洁银盘，总也不老！亘古以来，滚滚红尘不能沾染她，四季风霜不能埋没她，人的渴慕眼神不能挽留她。

明月照着松林，一针一缕，补缀谁的春衫？是犹然关闭于书斋，形销骨蚀的士子？还是早已无梦无灾，睡时敛目、醒时怒视的布衣老翁？抑是我，忘了名姓的旅人？

酒意让我多情起来，我暗笑自己。板阶上散乱的松叶，似拆衣后的线头。月牙曾拆裂谁的旧衣？于今，明月亲手穿针，缝纫谁的新裳？

合该是我的，旅人的鞋后头沾着旧尘，前头迎着新泥。

深夜里春虫唧唧，说它们的梦话。人费尽唇舌争辩的生命道理，是不是比老人鼾声、虫子梦话更透彻呢？

此时，明月照我，便是只为我而照了。我应该空旷自己的心，像了无兽迹的平滩，让月辉沾染心岸上的每一粒散沙。

告别的话，都是多余的吧！回荡在我耳内的琮琮琴音，那是老翁的密旨，托付松涛传来他的送客曲。

第二卷

大漠孤烟

当他穿过老树枯藤的林子，

他知道那是鸦鹊的路；

若他踏过小桥流水，

他知道那是庄稼人家的路。

他的路在西风的袍袖中，

在夕阳的咽喉里。

【西江月·
夜行黄沙道中】
宋·辛弃疾

　　明月别枝惊鹊，清风半夜鸣蝉。稻花香里说丰年，听取蛙声一片。

　　七八个星天外，两三点雨山前。旧时茅店社林边，路转溪桥忽见。

霜了两鬓

平野恒常，如慈爱的母亲，从不苛责种子萌芽的速度，只为它们呼唤四季雨水，每夜，为它们央求月亮点灯。

此时明月，挂在禽鸟栖息的枝丫后，从我憩坐的地方望去，像一面银镜，镜内勾勒几笔水墨，那是枝子的姿态，在我看来，像书家的醉字，写的莫非是个"静"，月的笔画缺漏，只能从一团银白中意会，少了"月"的静字，在月夜里仍是圆满的吧！

多少世事，必须这么体会！在我掌中，原以为缺漏的情事，是否反而是最好的留白？实相俱全，人只会就事论事；若有所缺漏，人被虚意吸引，于丛丛荆棘路中抚额沉思，在岁月流转中霜了两

鬓，当下小坐，突然领悟那留白的意境。虚，把人带到更高的真实，脱离原来情事，坐在更高的位置，用柔软的怀抱抚慰了一切。

夜风不眠，惹出一段鸣蝉；又化为千手，推移月亮，失了银盘承托的枝丫，掉地发出一阵鸟噪。

月华转照稻原，惊起田间蛙鼓，远近鼓点相和，茅舍里传出三两声人的话语。

平原如母，此刻必定含笑听取众生的窃语吧！丰年也好，干旱也罢，都是生命必须阅读的章节；月圆如银盘，月缺如弯刀，也是禽鸟必须辨认的图像。

而我夜行的路上，七八个星相伴也好，两三点雨随行也罢，我何必嗔怨微星、雨点碍了前路？如果没有这些，如何能够更深地体会昨日艳阳的好处，以及银月的柔媚？

如果明日，我的路上只有黄泥飞沙，今夜的星雨一定会在记忆中再次安慰我吧！

枯藤老树昏鸦，小桥流水人家。
古道西风瘦马。
夕阳西下，断肠人在天涯。

喝眼前的酒

黄昏，庄稼汉们收拾一身粗细家伙，吆喝牛只，各自分途。有酒虫搔喉的，径往市集上酒旗招摇的店里钻，狠狠灌一碗再说，这必是个有不平之事的，倒不如那头拴在木墩上仍原地踏步的水牯牛稳重。牛若有不平之事，嚼草反反刍刍，也就咽下了；人的不平事，一碗烈酒灌个七窍生烟，倒头睡去才算摆平了。

赶牛回家，庄子里远远近近狗吠。

隔桌上，那人掌碗仰酒，一脸虬髯，布衣风尘，全不理会适才四面八方沽酒人的粗言细语。仿佛酒店里的人影声浪，都是他过往的短刃长枪，此时在他眼前又搬弄一回罢了！他睁眼与闭目无异，喝酒与饮水相同。那仆仆风沙掩盖着的面目，又与纯然无知的孩童相似，仿佛世事都是多此一问，他喝酒，喝眼前的酒；过去与未来，只是前吞、后咽。

前庭上，拴牛的人嘟嘟囔囔解绳，那牛启动老蹄经过一匹瘦

马，马不仰首，仿佛牛只是一道薄风。

掷银出门，头也不回，想必是个异乡客。鞭马，扬尘，想必他的人生只是不断寻找驿站，给马一抱枯草，给自己一碗酒。

牵牛的庄稼汉应该踏入牛栏再次拴牛了吧！土地与庄舍是他一生的疑问与解答；家里的妇人与幼儿，是他一生的烦恼与欢乐。每日嘟囔着新的、旧的是非恩怨，他左耳进右耳出，回几句或什么都甭搭理打个酒嗝，捻灯睡去，也就天下太平。庄稼，总是会从地上长出来的；妇人，总是会在枕边躺下的；幼儿，总是会养大的。

策马的异乡人呢？

哪一间茅屋，是他最后的归宿？哪一位姑娘，是他最后托付的女人？哪一亩田，是他最后的解答？

他是得了又失去的人，还是从来未得、寻找分内的人？

若他得过完好的，却失散了，有什么比无止境的漂泊更能保存那一份完好呢？

若他未得，有什么比无止境的流浪更能印证一无所有的清白呢？

当他穿过老树枯藤的林子，他知道那是鸦鹊的路；若他踏过小桥流水，他知道那是庄稼人家的路。

他的路在西风的袍袖中，在夕阳的咽喉里。

【望江南·超然台作】

宋·苏东坡

春未老，风细柳斜斜。试上超然台上看，半壕春水一城花。烟雨暗千家。

寒食后，酒醒却咨嗟。休对故人思故国，且将新火试新茶。诗酒趁年华。

生与逝乃同一棵桃树

青石路，砖瓦小城。好端端是夹山傍谷的一块桃源地。

时光多么奇妙，像千手千眼的观音化身在每一丝季风里，照拂山城的人民，及草、木、鸟、禽。

对与世隔绝的人民而言，这块傍山平野便是全部的世界。他们从垦拓的祖先手里接过来属于他们的农田与季节，便一锄锄地向土地问他们所不懂的问题，土地以丰收回答他们。他们得了答案，感到满足了，又把手上的锄交给下一代，心满意足地收拾包袱，穿上最光鲜的衣饰，住进城门外的墓岗里。

微雨湿了青石路，一树艳艳的桃花开在山冈旁，原以为是谁的

深宅大院，那么诗意地叫桃花为他掌伞。才知道桃林后是一座座墓域，躺着城里的乡亲父老。

消逝的故事，在这里看来是件理所当然的事。他们的送葬队伍也像迎娶锣鼓那样顺其自然；一个是潮来，一个是潮往。我遇见一位剪手阔步的老人，他以欢愉的神色指给我看他将来的深宅。他有事无事地在桃花岗上溜达，相好了一块土坡，在春天挖了桃树苗，一锄锄地种下。桃树愈长愈高昂，他的时辰愈来愈短促。

他已事先观赏烟雨桃花的凄美，也在黄昏时，高高地站在桃树下，看儿孙媳妇如何一一返家。

怎样才能豁达？把生与逝当做同一棵桃树？在枝头嬉闹的，尾随流水的，都是同一语义，不同发音。

烟雨笼罩的家家户户，有他们风细柳斜的心事；而桃林下的青冢内，也有一桌新火新茶。

【敕勒川】

佚名

敕勒川，阴山下，
天似穹庐，笼盖四野。
天苍苍，野茫茫，
风吹草地见牛羊。

一株行走的草

我来到广阔的草原上，被细微的声音吸引。

那是自草原底层所发出的，牧草舒络筋骨的声音；也是被风吹袭时，草尖与游云相互拥舞的声音。那是人声交错的世界里听不到的微语，人的眼眸与耳识总是停伫在尘世的荣华上，遗忘了草原上有更深奥的交谈。

我逐渐明了，其实人世的生灭故事早已蕴涵在大自然的荣枯里，默默地对人们展示这一切，预告生生不息，也提挈流水落花。人必须穷尽一生之精神才能彻悟，但对这草原上的每一棵草而言，春萌秋萎，即具足一生。人没有理由夸示自己生命的长度，人不如

一株草，无所求地萌发，无所怨悔地凋萎，吮吸一株草该吮吸的水分与阳光，占一株草该占的土地，尽它该尽的责任，而后化泥，成全明年春天将萌生的草芽。

众草皆如此，才有草原。

我不断追寻，哪里能让我更沉稳，哪里可以教我更流畅；在熙攘的世间，却不断失望。才知道我所企盼的，众山众水早已时时对我招引，只是我眼拙了。山的沉稳，成就了水的流畅，水的宽宏大量，哺育了平野人家、草原牛羊。

如果田舍旁的稻花曾经纾解我的心，不仅是勤奋的庄稼人让它们如此，更是平野与流水让它们如此。如果深山里的松涛曾经安慰我，那是山的胸襟让它如此。如果桃花的开落曾经换来我的咏叹，我必须感恩，是山、水、花、鸟共同完成的伦理，替我解去身上的捆绳。

我不曾看到一座单独的山，山的族群合力镇住大地；也不曾看到一条孤单的河，水的千手千足皆要求会合。不曾有过不凋萎的桃花，它们恪守生灭的理则，让四季与土地完成故事。

荣，是本分的；枯，也是本分。

在我眼前的草原，无疑也是天地伦常的一部分。吸引我的这一幅和谐，乃是天无心地苍茫着，山无心地盘坐着，草原无心地拂动着，牛羊无心地啮食着，而我无心地观照着。

　　此时的我，既是山里的一块岩，也是天上游动的云；是草的半茎，也是牛羊身上的汗毛。

　　人不能自外于山水。当我再次启程，我是一株行走的草，替仍旧耽溺在红尘里的我，招魂。

第三卷

轻舟剪水

但愿只熟记现在的名字，

不疑问面目以外的面目。

如果，

在云影天光中浮见自己的容颜，

不要去找船，

船使人迷失，船是背叛岸的。

【下江陵】

唐·李白

朝辞白帝彩云间，
千里江陵一日还。
两岸猿声啼不住，
轻舟已过万重山。

一只翠玉镯山水

　　我来到群峦环抱的水乡。杨柳堤岸闲雀三两，飞掠水面而去。原以为春末静好，柳树里忽地传来几声啁啾，垂柳太密以至于发声吗？有何不可，春天的缘故，众树唱歌。

　　靠水维生，这里的人多了一根柔骨。我见老老少少的女人家，手腕上莫不圈了一只翠玉镯，一惊，山光水色也能变成护身符。

　　我的护身符是什么？山底村落的子民们，土地教他们流汗、出力，换来米粮与柴薪，这是他们的护身符。水乡的人，撒网捕鱼，江海是他们的守护神。但我呢？从一个客栈到另一个客栈，不曾落籍在山村与水畔的人，什么是我足以祈求的符箓？

也许是青春吧，但它多么短暂，我像一个挖到宝藏的人，用一只疏漏的网袋背负珍珠、金银，却发觉一路愈来愈轻，青春已经散为灰尘。

也许是经卷典籍吧，但满腹经纶岂能重圆手中的破镜？我又该引哪一段经哪一处典故安慰忧伤的妇人，当她向我哭诉新婚的丈夫睡成坟头？

所有的护身符都将成为新坟的覆土，生命原是不可承诺、不可系在手腕上的。

被江河养大的，领取了鱼粮，终要以身作献祭，还给江河。

曾经锄耕的，收获土地赠予的礼物，终要以身作献祭，肥沃泥土。

曾经依恃青春，窃听莺啼燕啭的，终要以身作献祭，回唱一首哀歌。

生命不可承诺，无法依恃，戴着翠玉镯的女人们，是否知她们正系在轻舟上，将摆渡到无人收留的滩头？

两岸猿声不是欢送，是在挽歌。

【暮秋独游曲江】

唐·李商隐

荷叶生时春恨生，
荷叶枯时秋恨成。
深知身在情长在，
怅望江头江水声。

远方有更美的天国

　　一塘池水，坐落于河流分脉之处，众水皆欢愉地沿着河道远去，留下孤单的一塘水，摇荡在绿草岸间，似乎疲倦了，想在这里憩息，又好像迟疑着，不断地以波纹探听河道，是否远方有更美的天国。

　　池塘内外，想必当初只是一泓清波而已。禁不住日月流逝，土岸覆以青草，草间点缀繁花，花上总是有露，或依稀可辨的人、兽痕迹。那是多么漫长的推移，如果曾有一位学步的稚童在此探岸戏水，今日的他是否仍记得那一块土堤？想必也遗忘了。年年春草如丝，淹没了旧辙，负荷新履。草花不善于记忆，一岁一枯荣而已。

如果当初的稚童着实强壮了，他眷恋的也不再是堤岸花草，他会临水自照吧，他会渡水摘取池内的芰荷吧！就算不为了赠予，他的心思所系，或许在远方，在未知的境遇。

我忽然感到"期盼"在生命里是多么甜美的一刻。有一个可盼的人，一处可盼的地方，最重要，犹有一颗能盼的心。而这小小的方塘，不知成为多少眼眸中触景伤情之地。

池水清澈，天光云影前来驻足，从镜中看到它们的流浪之路：旧水期待新的河道，新水无意之间涌入旧池，各有盼望，各自去留。

至于伫立池中的荷，孤高地守住自己的红颜，昂首望天，仿佛有一声轻微的喟息流荡在花瓣之隙，不想说破什么，又觉得春秋易逝，光华渐老。偶有绿蛙跃入水中，破了，女荷们耳语之后又矜持着。她们岂不知，蛙鼓来了，秋风也近了。

期盼的甜美，在于初发心的当刻及过程。

期盼把人带到梦幻的国土上，与心所系的人遇合，在那里，共同写就一首小诗。

期盼的终程呢？是否有美丽的天国在远方建筑起来？

去看看水如何落，石如何出吧！

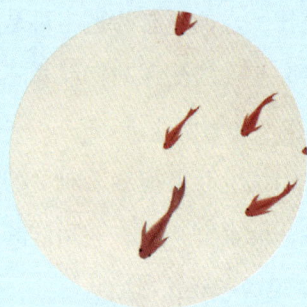

常记溪亭日暮，沉醉不知归路。
兴尽晚回舟，误入藕花深处。
争渡，争渡，
惊起一滩鸥鹭。

船是背叛岸的

婴儿出离母宫之时，已意识到"我"了吗？

被父亲搂在臂弯里哄时，他知道有人在抱"我"了吗？

当母亲哺乳他，他是否也知道"我"饿了？

当时间以河流的姿势通过他，带来柔软的水草与肥美的鱼鲜，孩子逐渐地明白，的确有一个"我"在了。

孩子不会对"我"，起疑。母亲倚着门扉向四野叫唤名字，孩子会匆匆对友伴说："我娘在叫我了！"

学堂里的老师或许因功课的缘故准备打孩子的手心，孩子会乖乖地接受，"谁叫我太贪玩了！"

那应是甜美的一段年岁，生命背后有一个庞大的靠山，"我"毋庸置疑，理直气壮地用自己的名姓，认自个儿的爹娘，保管妥当那些小玩具。打明儿个去揍隔壁村那个阿牛，谁叫他欺侮我的妹子！

如果，终此一生安身于这个现世，也算拥有平实的幸福吧！但，如果不安于现世的网络，苦苦叩问无法探询的天机，又想追溯众世间一切的源头，那么，这孩子终将陷溺于网络之中不能自纾。对旁人而言足以造就幸福的现实丝缕，将不断勒紧他的额头。他或许比他人更聪颖，但人生的路途上，他势必要跛行。

生的源起是个谜，何以拣选我、安置我于此世间，能观看、能听闻却不能道破？

但愿所有的孩子只熟记现在的名字，不疑问面目之外的面目。

但愿孩子只数算手指头，不要数算星子。

但愿孩子只摘取荷花，不要有片刻的沉静，去临水自照。

如果，不可预料地在云影天光中浮见自己的容颜，不要去找船，船使人迷失，船是背叛岸的。

独怜幽草涧边生，
上有黄鹂深树鸣。
春潮带雨晚来急，
野渡无人舟自横。

听舟子说流水

再也不曾发现，像仲春时节蕴含这么多秘密的了。

春日蒸蒸，原野上不断地缭绕一股妩媚的气息，从繁花的花心底处，从柳岸的飞絮中，从行人迟迟的衣袖口。有些秘密是众所皆知的，水塘上衔羽的鸭子可以作证。

也许，因为春日将尽，在繁茂的景象之中，似乎隐藏另一层暧昧：是将离未离、将熄未灭的兴寄。浮云聚散、萍水相逢，本是众所皆知的，然而果真聚合、相逢，又被喜悦掩饰而以为不再离散；当分道的时刻来临，又得重新经验一次伤感了。

对于春辰，人的犹豫也在这里吧！多么希望留住美好的景象，供心眼日复日地流连忘返；多么希望年华忘了更换，让眷恋的人事永远偕老。

如果，季节与自然是永恒之神笔下的创作活动，它怎不知道生灵对于美的恒常贪恋，但它仍旧坚持小幅创作，在掷笔之时，是否也有一阵不为人知的感叹：美需要等待，刹那的美尤其需要长久的忍耐。

那么，灿烂的花丛底下永远有一滩流水负载落花，也就可以理解了。萍散之后，水塘上的空白也值得体谅。如果不曾静心等候，当美再度来临，人还会感激吗？

仲春的秘密就在于此吧！绚丽的花尚未褪去，但涧岸的幽草已经探步，将行过花开的处所，逐一取代花的颜色。天空中传来的鸟啼，或许代表欢愉吧，但响亮的节奏里似乎又暗示将有一场疾雨。

疾风烈雨之后，春到哪里去了？渡岸摇摆的舟子，指了东西南北。

【浪淘沙】

唐·白居易

白浪茫茫与海连，
平沙浩浩四无边。
暮去朝来淘不住，
遂令东海变桑田。

栖在窗台的白鹭

　　清明之后的薄雨天气，水乡居民得了很好的理由不出门。屋瓦上，炊烟如一条游龙，惊动竹林内避雨的谷雀，以为起了雾，走了雨。

　　我打从街道走过，湿滑的石板拉着我的瘦影。影子浮在石上，有点人在江湖之感。

　　瓦檐下的民家正在烹煮什么呢？祭祖的牲礼还在，此刻或有巧妇站在灶前，料理今晚的丰宴。清明之后，邀亲族聚坐，说说生者的年岁或逝者的轶事。

　　雨节不适合出游，雨丝湿了衣袖，步履也因吃水益加沉重。

　　是谁家的窗口飘来一阵药香？闻来像刚起炉的参汤。是害喜的新妇吗? 还是久病短了元气的老妪? 哪一户正准备迎接未来的喜事, 抑或有一段难堪的事故, 发生在娇美的少妇身上, 服侍她的是当家的壮汉。

　　雨阵收山了, 屋檐滴下水珠。闷慌的孩童纷纷夺门而出, 街坊间一阵脆亮的童谣。

未出门的人忙些什么? 为一场宴席愉快地躲在庖厨内? 为一件远行的袄子, 不能停止针线? 还是卧榻上响起亲人的咳嗽, 撑起她正在拍背?

风雨无私, 漂洗众家屋瓦, 可又让人担忧, 一寸寸洗下去, 总有瓦薄的时候。届时, 我若回到这里, 这些人会在哪里继续他们的故事?

人世不断衍生悲欢故事; 欢乐的末节带了钩, 钩起悲伤的首章; 而悲伤又成为另一篇欢乐故事的楔子。有了这些, 使大雨中的人们懂得安分守己, 与所系念的人更接近, 共同品尝一桌佳肴, 举杯祈求今岁平安; 也藉着一碗参汤, 把无怨无悔的细心和盘托出。

人的有情必须放在无情的沧桑之中, 才看出晶亮。

时间, 从来不善于保存人情。百年之后, 我与这些人都要消逝。那时, 也还会有清明的缤宴; 会有突然的骤雨打在民家屋顶上, 只不过熬药的人换了面孔, 雨中游吟的人换了布履。相同的是, 仍有无家可归的心, 无法根治的宿疾。

就连白鹭鸶也还用旧姿势飞翔, 只不过停栖的沙洲已垦为良田, 而今日街坊化为茫茫沧海。

我仿佛看见未来的一只白鹭, 正好栖息在打帘子、挨着窗台做针线的新妇旁边。

旅夜书怀

唐·杜甫

细草微风岸，危樯独夜舟。
星垂平野阔，月涌大江流。
名岂文章著，官应老病休。
飘飘何所似？天地一沙鸥。

那人走时，只有星光送他

月光，抚慰乡城的人。

明日的太阳仍会上升，在水声欸乃之中，他们将醒来。

明日的太阳不是我的，我是乡城的异客。

难舍须舍。就连跋涉多年的我也眷恋水乡的风情，几个叫得出名姓的，暗示我已不知不觉成为他们惦记的人，是当肥鱼新蔬上桌时，派遣孩童前去邀请的人之一。

他们宽容地与我分享着，不拿我当做外人。水泽的温柔洗去人的棱角，结实得像鹅卵石，就算碰撞，也不会刺伤。

常常，我坐在路边的亭子内，观赏男女老少打我眼前走过。他们比别处的人多一股水香，从衣袂飘动、行履错落中，显露一颗从容的心。

这也是水的恩赐吧！飘荡是天生的，可是在摇荡中懂得相互体贴，以爱作为锚，像同船的人。

月光，我不禁祈求月光，更柔和地怀抱他们。不祈求无风无灾，但愿多大的灾厄来袭，便有多大的气力撑过来。

明日，他们不会发现我已远离，商家依然开着店门招呼来客，江畔小馆内依然高朋满座。

若有人问起摆渡的，船夫会这样告诉他：

那人走了，沿着鸥鸟的旅路走了。

那人是只水鸟，眷恋水又听倦涛声。

那人是个迷路的，想要停驻又向往远方。

那人是个善感的，断不了悲欢离合，又企求无忧梦土。

那人是个造谜的，猜中谜底又把自己变成谜题。

那人是找个伴儿的，又害怕守不住约。

那人走时，只有星光送他。

第四卷

野鹿眠山草

他们把生命拭得如此干净，

让人在衣食碌碌之际，

仍听得到天籁。

采樵入深山，山深水重叠。
桥崩卧查拥，路险垂藤接。
日落伴将稀，山风拂薜衣。
长歌负轻策，平野望烟归。

高歌

我向往着浸淫在自然怀抱里的人，尤其当高歌的樵夫背负薪柴打我眼前走过，我愈加欣羡他们单纯的快乐！

亘古以来，似乎都是这样。有一群人拘泥在现实细节里气喘如牛，以猜忌相互招呼，明枪暗箭展开游戏，争夺较大的肉食，以及安稳的座椅。他们的喜怒都在这里，一生过得繁复且忙碌，最后携着华服及丰富的牲食向人世告别。

能够终此一世经营现实的人，也值得感佩。他们使尽气力获得自己的酬劳之时，也帮助他人取得财富，虽然当他们这么做时，也许内心里并不曾发觉。

另外一种人，似乎生来是为了观赏世界的。他们选择人少的行业，辛勤地为这一份工作付出别人认为不等值的力气，他们的收获少得可怜。也因此，葆有更宽广的胸怀悠游在人世上、山林间。用一种单纯的语音与人交谈、问候，至于人的争伐、掠夺，他们不是看不懂，通常只是一笑置之，挥手，像挥掉天空里的一片乌云。

他们的心像晴朗的天空，风雨如晦、浮云蔽日，都是短暂的。

我不免深思，什么样的恩赐能使人清静如此？什么样的磨石才能把尘埃、私欲磨得干净？如果，经营世事的人值得感佩；对澄静的人，我愿意从内心里景仰。

前一种人，我感佩他们尽力经营，使多数的人能安稳地守着家园，与妻小分食一日所获；对于后一种人，我景仰他们把生命拭得如此干净，让人在衣食碌碌之际，仍听得到天籁。

深山里伐木的人，一定猜想不到我正在分享他们的快乐。单纯的快乐。

他们日复一日，大清早赶到山里，替高山掀去雾幔，第一声斤斧叫醒大树时，在我眼前的天空忽然飞出一群山鸟，盘旋、鸣叫，又蹿入更深的密林，天空恢复安静，只听得到云移的脚步声。偶尔有一两句欢愉的高音从山腹传来，带着山与山相互抵押的韵脚。我单纯地听着这些，浮升感动，当物欲远离人的耳目时，人可以与高山、与天空、与古树，进行愉快的交谈。山谷不善于对答，但从谷

中回应来的人声，清爽得像一阵小雨。

深山里工作的人，无法使用琐碎的语言，当他们想要叫唤不知去路的同伴时，只用简单的音节朝着四周发声："喝——嘿——！"大小山峦一起和声，"嘿——！声音穿过山涧，涧水把声音交给大树，树叶张耳聆听，派露珠打醒树下贪歇的樵夫。樵夫也用同样的音节回答，树把声音交给水瀑，水把声音丢给山峦，山把声音交给找人的樵夫。

"在哪儿啊？你……"

"在这儿啊？我……"

此时，不免觉得山峦们过于多嘴了，多重回音使两处的人耳朵都沸腾了。

"在这……！"唤人的樵夫们合力摇晃大树，鸟飞的地方，树被撼动的地方，那里也是人在的地方。

"看到了……！"那脱队的人只需朝着众声高歌的地方前进，终会找到熟悉的面孔。

山内的险巇，是山鬼故意安排的陷阱，考核入山的人是否虚心。对以山为依靠的樵夫而言，长藤不就是指路的童子，瀑布不正是奉茶的仙女吗？

当日暮西斜，一队歌声像流水一般从山里流出，掀开雾幔的人，替众山挂上黑纱帐，掌着月牙灯，回到人的村落。

樵夫的腰际从来没有过多的粮食，但高歌的人，一身瘦骨比山更青翠，比水更清澄。

樵夫觉来山月底。钓叟来寻觅。
你把柴斧抛，我把鱼船弃。
寻取个稳便处闲坐地。

本
分

有一段传说是关于樵夫与钓叟的。

那村子里有个以山吃食的人，他的斧头是祖上传下的，交给他时，斧头还重，他仗着年轻力气足，抡起来一点儿也不费力。现在他的斧头轻了，吃倒多少棵大树，斧刃变薄了，可他抡起来还是汗流浃背。

隔村子里有个靠水吃食的，那船也是祖上交代的。他仗着年轻不怕水厄，一叶轻舟归来，满载鱼肥。现在，他的船愈来愈重，船身补补缀缀都是新的柴板，吃水较稳，可是向晚归来，常常一叶空舟。

　　两村交界有座小土地公庙，凡是路过这儿的，行客也好，牵骡子赶集的，或是小闺女，总会庙前伫立，合掌道个安，说段心事，祈求好天气。庙前一棵大榕树，有好多年了，胡须长得可以扫地，这树倒像庙祝，眼也不眨的。

　　樵夫、钓叟在这儿遇见了，柴薪换鱼，鱼赊柴薪，各随各的便。这日，俩人说了段不相干的闲话，樵夫叹了口气：

　　"老哥哥，还是你轻省，开了船，东南西北撒网，哪像咱们，人再强吧，比不上树干结实，你抢不倒它，只能干瞪眼！"

　　"兄弟，你躲到山里去，哪知道我们水上漂的阴险？就拿昨天那场鬼雨说吧！你不得找个树叶密的处所躲一躲就过去了，我们撑船的东南西北都是水，水给我鱼吃，水也吃船的！你倒是想想，树不给你砍，可它还替你挡雨呢！"

　　俩人说得不分输赢，土地公前作了决定：樵夫打明儿起去撑船，钓叟上山，二话不说。

　　钓叟上了山，使的是樵夫的斧头，他循着山径往深处走，不到中途，踉踉跄跄绊了几次跤，他原以为山路滑特别留神走路，原来不是这回事，只因他早就习惯水的波浪，身子不知不觉也习惯在起伏中前行，山是不动的，路也不动，树也不动，他自以为该沉沉浮浮走路，当然摔个大叉。临到黄昏，半枝树臂子也没砍，他在水上眼睛只往下瞧，看哪里波纹浮荡哪里鱼多，可是树能不能砍，得仰脖子瞧天的，他一路拿地上看，满眼荒冢杂藤，倒没瞧见一棵树。

他告给樵夫听：

"你那山果真是个空山，还你吧斧头，没长一棵树！"

"哪没树？没树那山会是绿的吗？"

"反正，我没瞧见树！"

"嘿！这倒奇了！我正想说呢，你那条江，没半条鱼！"

"你编派个什么？我是年纪有了，扯不动网，你力气比我足，也网不到鱼吗？"

"老哥哥，不瞒您，我开了您那船，还撑不到江心呢，船就团团转，我想下船走路快些，可不对劲，两脚没地方伸。我们砍柴的，得站稳才能使力，水不成，水不给站！"

两人哈哈取闹一阵，斧头回到砍柴的手上，撑篙交给泛舟的保管。山会认人给树，水也认人给鱼。

樵夫、钓叟各自回村，一个弓着背走路，一个走路好像摇橹。

那棵大榕树把这些说给土地公听，老神眼也不睁，撂了句："什么新鲜的！这故事听过一百遍了。"

第五卷

独钓寒江雪

这世上有多少繁荣的山，

便有多少幻灭之海；

有多少生的贪爱，

便有多少死之恐惧。

千山鸟飞绝，
万径人踪灭。
孤舟蓑笠翁，
独钓寒江雪。

一竿冷

我常想，山比水更深奥吗？抑或水比山更辽阔？

是哪一个参访河山的古人，在踏破芒鞋之后说"仁者乐山，智者乐水"？成了古往今来，登临山水者的箴言。

山之仁，在于容纳参天古木，亦裸抱了任何一株愿意伫足的小草；既允许夜半狼嗥、空穴虎啸，又愿意开放枝叶，招待流浪的嘶蝉、迷路的啼鸟。山愿意合抱，让雨水注成湖泊；也愿意裂身，让瀑布发声。山裸露在天空之下，任凭雷劈暴雨；也忍住干旱季节不知从何而来的火燎。山仍然沉默，像一位仁者在希望与幻灭共生的人世上闭目养神。

水的流动多么像智慧之路。水从来不眷恋过往，流动是它唯一的宿命。水或回旋于礁石，思索如何绕身而过，轻轻地扬弃了河道上的顽石，既不争辩，也毋庸和解，只派一匹青苔教导它们水的含义。至于飘落在水面的柳絮花片，水愿意负载它们，做它们的足，却在流程里教会它们，凡是离乡背井追寻更宽阔天地者必须永远是个孤独者。水不曾允许它们在河面上发芽，遂在中途，慷慨地收留它们腐朽的体肤。就连天光云影，也无法沉淀为水的四肢，智者不宜耽溺，不宜收藏过多的身外之物。水草不断招摇，鱼群愿意繁殖以丰富水的仓廪，但水哉水哉，流动是唯一的命运，纯粹的命运。

水比山深谙随势应变的道理，烈雨只会丰沛它的力量，至于火，从来没有一场火在水面上进行。水只是它自己，千江与万川同一道宿命，朝着真理的海洋奔赴，为了呼应更辽阔的海洋的召唤，为了寻求更深沉的智慧。

两岸桃李，是挥泪的宫女。那河腹的游鱼只是一群企图牵住水袖的童子，水回答它们，这一别就是永远了。

山与水的对话，回响在天地之间。当山以洪钟形的绿意招呼，水回应以短笛。像两位久未谋面却又不曾相忘的故友，一路循声对答。

"为何你总是赶路，难道万顷田地不值得你献身？一塘鱼肥不值得你孕育？你口口声声要与海洋会合？如果千江万川不汇聚为海，这世上的生灵岂不拥有更宽广的土地，锄出他们的家园，种植他们的米粟？"山问。

"我岂能成全短暂的荣华？如果千江万川耽溺于小小的宅舍，在草树鱼粮之中慢慢耗尽血脉，谁来成全沧海？谁显示给生灵，这繁花茂林的土地上有一座无法征服的海洋，像手中的繁华之钥无法开启永生的琉璃门？我多么希望微笑永远停留在子民脸上，但我更愿意海洋启示他们关于不可捉摸、无法猜测的生之奥秘。幻灭是唯一能洗尽他们脸上的油脂，教他们做一个谦卑的人，做一个缄默的人！"水答。

"那么，我是你的反面了。生之短暂是你我都知道的，我担忧狂啸的浪头席卷一切，把短暂生辰里仅有的欢乐吞没。是故，我愿意永远固守在此，至少这世上有一座高山是狂涛追赶不到的，他们可以携带妻儿到我的怀抱里躲避；我预先准备柴薪与蔬果，让他们取火升烟。所有受苦的人看到烟，可以前来分食。如果，你执意以死亡惊吓他们，我亦执意张起绿荫，让他们在此成家、繁衍，以生命连接生命，以人造人，永远抵御你的偷袭！"

"你岂能抵挡无垠之海？如果再有一群愚公，愿意子子孙孙荷锄移山，拿你来填平海洋。就算你镇住了海，而你原来的位置也变成了海。这世上，有多少繁荣的山，便有多少幻灭之海；有多少生的贪爱，便有多少死之恐惧。你我岂是为敌的，我们一动一静，一

实一虚，无非为了等待一个真正认识我们的人，他站在你的巅峰吟诵水的歌谣，他坐在我的河畔，默读山的倒影。他能自你的多情中谛听我，从我的无情里注释你啊！"

山仍然盘坐，为了褓抱；水仍然奔赴，为了幻灭。仁者以身为泥，种植希望；智者只是冷冷地观照。当死亡袭击生灵，肉身还给山，而眸底的人泪属于水。

山水的对话在冰封的寒冬里沉默了。却有一名蓑衣戴笠老人，走入山林，劈枝削叶，抖落一树雪花。他削成钓竿，以竿为杖，踏着银白的雪径来到江畔。江面浮着薄冰，仿佛一江冻结的语言。

钓叟朝无垠的江面，抛出不丝之竿，在冥冥的冰雪地，在生与死都无话可说的时刻，他只为了问安，用山的管弦问候水的歌喉。

【渔父·二首】

南唐·李煜

（一）

浪花有意千重雪，

桃李无言一队春。

一壶酒，一竿纶，

世上如侬有几人？

（二）

一棹春风一叶舟，

一纶茧缕一轻钩。

花满渚，酒满瓯，

万顷波中得自由。

春风送网

真正的自由是在无所依傍之时，发现无路而处处是路。

路，交错纵横于人世，像川流罗织在大地上。每一条似乎各自源起而不相涉，却无不归心于海。

有的发源丰沛，一路汇成怒江，拍岸拔树，卷起乱石，以不可抵挡的气势破门而冲入海的殿堂。

有的生来瘦骨，沿路推敲岩石之出处，提防过多汲水的木桶，又不免误入沟渠，困在方寸田地，让饥渴的根须吮吸。侥幸残喘而终于抵达出海口，却缺乏一场天外的沛雨帮助它推移，遂逐渐萎弱，成了蚊蚋滋生的浅洼，被杂草淹没了。

人的命运亦如此。

能得天地人事之助顺溜地过完一生的，几乎不曾听过，过于一帆风顺的人似乎也有他们该抱怨的份儿，太多人急于保护使得他们缺乏机会踏出深宅大院去探测天以外的天、山外更远的山；他们走的康庄大道固然平坦，却也失去了奇异花卉的幽径。他们难道不应有怨？

那些睁眼即必须奔波的人，走的是荒烟蔓草之路，内心的凄怆、低回，日复日结成一枚苦果，既无处倾吐，又难以下咽。然而，绝路必须心转才能逢春，能在一生里见识一场烈雨、邂逅一处险崖，毕竟是难得的眼界。怨嗟路之崎岖，不如收割路的幽深。

人的不能自由出于有贪，贪而生怨，行路之中哪能快活？人习惯在自己的路上觊觎另一条路上的风景，所以自己路上的景色不能愉悦自己，反而变成对照之下难堪的草莽了。如果真能易路而行，恐怕又会旧疤复发，深深怀念起前路的好。

能行到水穷处，坐看云起时的人才算得上自由。这不是路的缘故，是心路。

逐浪摆舟的渔人也许最能体悟路的转折。一旦上了船，恩怨欢喜都留在陆地，撒网的人负担不起太多的包袱，船上也无须摆设太多的希望，江湖中的鱼群不可胜数，我只能一网，一网的鱼亦不计其数，我只载满一船。江湖潮汐是路，船是足，一天得一次渔获，

给路与足留了余地。明天有明天的潮汐，明天的鱼。

就算惊涛骇浪天气，无法出船，渔人不走水路仍有陆路，屋里牵丝补网，等风雨闹够了脾气再上船。没有一座山永远在崩，没有江泽永远翻浪，它总会安静下来，把路还给人。渔人跟水打交道，也是全凭心路功夫。

万顷波中或莽莽丛林，埋藏在路中的自由是等量的。春风宅心仁厚，给樵夫送凉，给钓叟送网，不同的是，有人行路迟迟，以为离家愈远；有人衷心欢喜，因为距离家园愈来愈近。

【沉醉东风·渔夫】

元·白朴

黄芦岸白苹渡口，绿杨堤红蓼滩头。
虽无刎颈交，却有忘机友，点秋江白鹭沙鸥。
傲杀人间万户侯，不识字烟波钓叟。

相忘于江湖

夏日江畔，从小酒楼的窗口望去，三山带二水，远的两座小山，被近的那座翠峦掩去半面，倒像丫鬟左右站着，帮小姐梳妆。此时，只见峦影印在江面，孟夏晴朗，那影子也染了一层薄薄的青色，十分可人。四五船帆，分剪江水，有的是撒网渔郎，或城外客，邀了旧雨新知，游江寄趣的。此地春夏之分不明，虽是孟夏月令，还留了春意。点点日光洒了半江银屑，水波浮荡，十足是一条暖江。江畔地形如一条白蛇，除了渡口、船坞，其余皆是杨柳、芳树；柳丝闲闲地拂扫江面，无风时，又似执帚打个小盹儿，芳树则起了野兴，自摘花盏，掷打树下闲人。

　　春茶初沏，原想在小酒楼上消磨半日，翻阅古诗卷；光景诱人，此时读诗，未免糟蹋了天地文章。想前代骚人墨客，融其景入其情，得天地俪文之神髓，才吟出好诗词。我若不赏玩眼前风流，偏向字句里钻，好比千里迢迢寻访美人，开口向她讨图像以睹芳容一样迂腐了。还不如掩卷，暂时做一个不识字的钓叟。

　　楼下，几张木桌，只开了数座；游人未返，当地的正顾着做营生，所以生意淡淡的。偶有三两句人语传到耳边，随后又尘埃落定。我想这辰光正有助于远眺江面帆踪，回赏酒楼雅致，分外感到可喜。

　　这也是我每到一城，总先探听当地有些什么茶坊、酒楼、客店的原因了。能得一处风光妩媚的楼阁歇坐，一盅清茶或一壶薄酒，叫小哥送几碟本店知名的吃食，一个人耳根清净地神游半日，有雨观雨，有风听风。或读几页随身带着的诗卷，写几行短笺，遥念故友；笺成，也不寄，水程陆路皆遥，此时此地此景牵念此人，虽然修得几段心情，待友人展信，我早在另一时另一地牵念另一人，故笺成等于心到了，不欲付邮。如此行旅，一卷古诗后面夹了一叠短笺，书愈读愈厚了。

　　做一名异乡游吟客，深知"忘我"之美。既忘了名姓、乡园、志业，亦忘却经史子集。空旷着一颗心，仿佛从来不曾见识什么悲哀的、忧伤的，也不认得欢喜的，甜馨的。则耽留在此城中，所遇合的风土人物皆是"初滋味"：娇柔的姑娘，是初相见的美人；壮硕的少年郎，是初相见的汉子；铿锵的土腔，是初耳闻的乡音；缱绻的古谣，则是我的初断肠了。

楼下忽然起了喧哗，一位老叟与掌柜的大声说话，谦恭带笑，又争着定夺什么，有熟识他们的客人隔几张桌喊那老叟，见他忙着说道理，自个儿推椅走来了，也是一路喊话的，不像招呼，倒像是他们争论的事儿他都有主意了，气势很盛。酒楼的小哥儿们，不去伺候客官，倒是箭步往门外走，硬把等在外头的一位壮小子给拖拉进来，他粗布衣履，看来是个渔郎，在江面学堂认斗大鱼字的，一张脸黝得发亮，神情腼腆，眉眼间还有梦未醒，打出娘胎，就知道人间有他一份美事的那种梦。此刻，他与老叟被众人拥着，说话没他的份儿，他就光棍着给人左右瞧，摸鼻搔耳，怪难为情的。好打趣的小哥儿拍他膀子，不知什么词，惹得众人大乐。如此撩拨一会儿，我才听懂一老一少是父子，那年轻的有中意的姑娘了。老父特地为这事上酒楼找掌柜的说主意。有个小伙计斟一碗余酒，强要那壮小子喝，众声鼓噪，眼看是非喝不可了。那老叟停了话，以手背扬他儿子胸膛，声音亮如洪钟：

"羞啥？都快讨媳妇儿了，喝！给人瞧瞧咱们家的种！"

仰脖子，气都不顿，一咕噜，还出空碗。大白天一碗快酒，若不是真真地盼到他分内的美事，谁也没这等痛快的。老叟拿眼觑他结结实实的儿子，没别的话，就是打心底信任这人间世的。

父子二人，披网扛篓走了。小酒楼还热乎着，伙计们上楼下梯的脚步勤快起来，带了飞。仿佛老天也给他们备一份厚礼，什么都不必问，信他就成了。

我看绿柳如烟，江鸟飞歌，这天地文章原是要诱人入梦的。

识字的梦不进去，不识字的樵夫钓叟、闺女渔郎梦进去了，成就人间丽句。

楼梯响起脚步声。半日闲坐，虽未抬头，已能分辨小哥儿、客官的步子了。小哥儿的声音里头夹了碗碟味儿，而此时上楼的脚步声很嫩，是没干过粗活儿的。

隔几张桌，落座，一人。

寻常布衣，盛年岁数。小伙计招呼过了，下楼。他摇一把字扇，溜一眼楼上陈设，又四下无人般端坐着。是个识字的，不仅懂，也通晓。适才，从我身旁走过，明明白白一阵墨香。

芭蕉窗前，墨砚旁，经年浸润，才能养出骨子里的诗书气质。人虽面貌殊异，行止不同，然而有没有墨华却瞒不了谁。不换名帖，未露谈吐，明眼人照一面，也就心里有数了。

从他品茗风度，虚拳清喉后，以碗盖推出茶汤，端至唇边，吹扬热烟，浅浅地品一口，归放原位，而后徐徐运扇。倒不难看出，赋闲时是文人雅士，应世则能运筹帷幄。

一袭布衫，大约用来避人耳目了。

是访友不遇？这样的人真要访旧，焉有不遇之理。

是为稻粱谋，在外奔波的？他神定气闲，绝非风餐露宿之辈。

是厌倦了锦绣宅第，来杨柳江岸喝·口闲茶的吧！

老叟、渔郎所信任的人间世里，总有不信任的独游客，在茶店、酒楼上。

我不动声色拿捏他，已半晌了。酒楼上只剩他与我二人，他又如何揣测风霜满面的我？

独在异乡为异客，目遇间，已说尽半部人间。我不欲扰人，亦不欲人扰。相见欢，无声胜过千言万语。若萍水相逢中，急急忙忙道扰、问名姓，则落了俗套。此时此景，会在这儿独坐的，都是入世风尘里的出世客。

他起身，飘袂而去，迎上来另一批游客，笑声震动屋瓦，倒也没震走他留下的优雅身影。

晌午时分，吃客如潮涌。我让了座，驿途中总有清淡的民家小馆，赏我一人吧。

掌柜的说，茶钱已经会过了。刚刚摇扇的那位爷，说是与您相熟的。

第六卷

潮打空城

人，

不可能给两个人同一种梦；

也不可能给同一个人两种梦。

【登幽州台歌】

唐·陈子昂

前不见古人，
后不见来者：
念天地之悠悠，
独怆然而涕下。

孤寂

　　驾车的车夫与随行的汉子，留在山脚村落里，不愿上山了。他们早就听说秋冬之交，这山是飓风的天下，当地人管它叫"食人风"，吃人不吐骨头的。

　　旅路中，遇着他们，随兴做了伴。我本是意随路走，不确定上哪儿畅怀、寄情，往往五天四夜露宿在外，不见一个人一只牲口，只见忽隐忽明的泥草路上偶有辙痕，有的是今岁的，有的约莫前朝了。

　　他们算是半个游民，本乡欠粮、年岁不好时，千里迢迢到异乡讨活儿做，卖点营生，看看一年将罄，开始往回走。他们的身上仍有一条红尘丝线，系得紧紧的，总要带点银两、时兴吃食，回老乡过年。不管那条红丝在风吹雨打中染了多少悲哀故事，他们每到秋冬之交，就会被丝线牵引，回老家去团圆，一切吃苦都为了团圆。

这地方离他们二人的本乡还有段路，算是最后一驿了。奇风异俗也是他们说给我的，那鬼风到底多凌厉，他们没亲身体验过，传说这么教，他们这么信。所以，虽然翻过这山是最轻省的路，他们死也不走，甘愿在平野上绕个大圈，回山后的家。我看他们脸上齐布那种死也不干的神情时，心里头是艳羡与敬重的，一个人死也不干某件事时，往往代表内心里有一个比他自己的生命还重要的人藏着，他得为那人活得毫发不伤，他得去跟她团圆。

他们暂时留在村里歇歇牲口，恢复脚力。我与他们订了约，若回得来，两天一夜后自会找上他们，若过了期限没见到人，不用等了，尽管揣着干粮赶路去，把我那份吃了。

这地方枫林甚老，千年百代没人动它，吃了秋霜，一片红海。造化真是弄人，美的都是不能吃的，难怪村童少妇都土瘦。造化也戏人，美景总是布局在险崖上，仿佛，绝美里头蕴涵一道千古不改的宿命，必须以身相殉。

大江南北半遭，酷雪、暴雨、烫沙都在衣上了，倒是没尝过鬼风扼喉的滋味。我一条命漂泊在外，既无乡可归，也无饭说团圆，早是个活着的孤魂野鬼，行到此处，既然鬼风中有红枫，我焉有不去会合的道理。

村子里的人，听说我要上山，或掩柴扉避听，或呵小儿不让他们听下文，仿佛我是个邪物。

歇一宿，寅时独自上山，他二人仍呼噜着。这时令，开天较迟，眼前身后皆是浓雾，到了山腰，回身已摸不清村落在哪儿了。看来，这雾是锁人肉眼的，故意弄瞎对凡尘世间的依赖，要人孤茕茕地一无所靠，回复七窍未凿的混沌，才把绝美盛到眼前。

风，果然愈来愈厉，起先如游魂，后来露了厉鬼本性。这山不算高拔，没人来动，乔木各自据土为霸，仰不见云天了，倒像一百零八条英雄好汉齐聚梁山泊，群龙无首，全凭鬼风做主。根性强悍的，不服风的旨令，发动六军出征，半空中厮杀甚烈；道行浅的，敧立，倒塌，含冤九泉之貌。

自此上山，寸步难移：肉胎比不上一棵树坚强，风势乱窜，凄厉刺耳，若我此时松开抓住莽草的手，必定腾空，如一片落叶。

人在山川天象的怒吼中，是爬行的、沉默的，连呐喊的意念都灭了。

人在世间的破碎中，却常尖声呐喊；可见人对世间终究有一份预先的信任，也认为可以信任，所以遭难时的呐喊，乃在呼唤那份信任，控诉那份信任，希冀世间不要抛弃他。

而在自然的暴怒里，人自知与野兽、林树、岩石无异，故噤

声。呐喊乃为了给另一个人听，期望获救，既然众人皆与林、石无异，喊也是空喊。在狂怒的天象中，一头僵冷的兽、一块裂岩、一具英年壮汉的尸首，与一片枯叶有什么不同呢？

有什么不同呢？

魔风稍歇，我快步转上，往另一座峰前进，风似乎回复游魂，不像适才欲将我五马分尸；虽然仍有扯发裂衫之虑，因为历了前者，反而觉得此时是微风拂脸了。

人常觉得自己所遭逢的是最悲哀的，因为他还没见识那更悲哀的。

我把自己绑在一棵千年大树上，暂时与它合体，待转身，面向山间空谷，奋力张眼。满空红潮，人世有多少生灵，这儿便有多少霜枫，自成空中海域，在风的魔掌中，滚涛、怒舞，忽而如群龙飞天，又如六宫粉黛，一起飘袂嬉游。

美，才是真正的帝王；天、地不过是左右大将军。

在我之前，谁殉于此；在我之后，谁将埋骨于此？

独自面对绝美，才明白，不是鬼风食人，是绝美叫人刎颈。

而像我一样，又拎着肉体凡胎回到世间的，便注定接受绝美诅咒，永远被孤寂缠身了。美，才是内心最严重的相思病。

每当行过春阳高照的市集，或客店不眠的雨夜，或雪季的火盆旁，孤寂总叫我偷偷抹泪，仿佛，我是唯一背叛红潮的那片霜叶。

昔人已乘黄鹤去，此地空余黄鹤楼。
黄鹤一去不复返，白云千载空悠悠。
晴川历历汉阳树，芳草萋萋鹦鹉洲。
日暮乡关何处是，烟波江上使人愁。

眼中人

时光，重叠在一棵树上。

旧枝叶团团如盖，新条从其上引申。时光在树上写史，上古的颜色才读毕，忽然看到当代。总奇怪，嶙峋的老枝怎会抽出嫩条，而又相安无事。

我们隔了一段距离，观赏树的新旧问题，既承认旧枝叶盘出的姿态之美，又欢喜新条带来生机与绿意。则在观赏者眼里，旧与新，往昔与现在，并不是敌对状态的，它们在时光行程中互相辩证，以美为最后依归。

欣赏之所以可能，因为有了适当的距离，以及主、客体分明。

距离太近，失其全貌；过远，流于肌理模糊。而主、客不能分，则容易泛滥私情，陷于自伤。

我们能清楚明白地鉴赏一棵树，一座高峰，体贴其旧史、新页；我们能否以同等清楚明白鉴赏自己呢？

能在自身之外拉出另一个自身，以此为主，以彼为客，隔一段距离，白发人看白发，眼中人说眼中事？

在时间的推移中，过去的确永远过去，无法倒提回到人面桃花初相逢之时；可是在人的记忆中，过去的风韵或余伤，却常常回澜拍岸，使现在成为过去风韵或余伤的延长，更行更远还生。

如果，生命是一册事先装帧、编好页码的空白书，过往情事对人的打扰，好比撰写某页时笔力太重，墨痕渗透到后几页，无法磨灭了。

当然不必自毁旧页而后快，如同黄鹤既然已去，何必去毁黄鹤楼；然而，灯下摊开旧史，行于所当行，止于所当止，却是必要的。

对生命有一完整的拥抱之后，看旧事或新物，都能宽宏大量，给它们应得的位置与意义，它若是美事，看得出从这事儿的芽眼又抽出什么样的枝子；它若是伤心事，也看到有一条嫩枝从阴天出发伸到晴天里来了。

时光，重叠在一个人身上。

　　他既站在鹤背，俯视亭楼、烟江、茂树与沙洲，为未来的空楼
而喟叹。

　　他也站在日暮的空楼，为前尘往事而叹。

大江东去，浪淘尽，千古风流人物。故垒西边，人道是、三国周郎赤壁。乱石穿空，惊涛拍岸，卷起千堆雪。江山如画，一时多少豪杰。

遥想公瑾当年，小乔初嫁了，雄姿英发。羽扇纶巾，谈笑间、樯橹灰飞烟灭。故国神游，多情应笑我，早生华发。人生如梦，一樽还酹江月。

带
酒
江
月

日行月随，哪里是永昼？哪里是永夜？

潮来潮往，捧出谁家王朝？崩的又是哪位霸王的天下？

有不朽的龙座，承住一身权贵？

有永恒的律法，保证常胜？

哪里有金雕玉琢的锦箧，函住永远不变的爱？

哪里有净瓶甘露水，守护花容月貌？

时间证明了世间无情，可是，人为何又一代一代地将多情托付在不可托付的情事上？为之痛不欲生，为之哀哀欲绝！

如果，人世是一出永不谢幕的悲剧，那是因为每个人都知其不可而为，把多情勇敢地托付了出去。

人并非不知道江山易改的道理，也熟读沧海桑田的故事；然而，面对繁花似锦的世间，忍不住要去争取、去唱和，人仍然有一丝憧憬，以为江山已改了千万次，不会恰好在我身上改动，沧海已换了千万回面目，怎会恰恰好在我身上变成桑田？

人完全浸润在自己的多情里，以至于认为其多情可以更改亘古不变的律则，人信任了自己的多情，忽略时间正在无情地冷眼相看。

那些风流倜傥的才子，焉能想象死后，其呕心诗卷，被卷来当做火引子的滋味？

那些一剑定天下、黄袍加身的英雄，焉能听到逝后，那方记颂其丰功伟业的碑石，被樵夫用来磨刀的霍霍声？

时间，不会对任何一个人用情，为任何一代皇朝效力。

然而，若不是人人把真情托付出去，又如何能够把沧桑说给少年人听，让他在泪光中看到自己，也看到别人呢？如此说来，无情的摧折中，因着人的多情，这无情也带了一点暖意了。

如果，浪涛不曾卷尽千古风流人物，东坡也不会有大江东去之叹了；如果他不曾叹人世如梦，我也不会在江月的篇幅中闻到他洒下的酒香了。

【石头城】

唐·刘禹锡

山围故国周遭在，
潮打空城寂寞回。
淮水东边旧时月，
夜深还过女墙来。

空城

"你以为野兽出没的山最险吗？不，你记得，空山最险！"

空山之险，在于照见生命的孤独：你欢愉，无人能懂你脸上欢愉的泪光；你冥坐而笑，无人看见你正神游于十里芰荷中！你痛心垂泪，亦无人能解你的悲歌。

人与人接壤，能述说的仅是片面辰光，一两桩人情世故而已。能说的，都不是最深的孤独。

如果，空山行旅，照见自己的独吟，那么，空城，又该怎么去看它呢？

昔时繁荣，此时荒废无人烟，是空城。

昔时人与我皆是怀梦少年，今日人犹有梦，我离梦而去，不能与之合梦了，再面对昔人旧景，难道不是更荒凉的空城？

第一种空城，只是在时间中沉寂，往昔的风流人物、绮艳野史因改朝更代而变成一段典故，在今人口耳之间传诵。如果，时间够友善，这城墙仍有机会复苏，搬演另一出将帅相逢、英雄美人的戏。城会被修起来，用琉璃瓦铺出它的华丽，也不乏鬼斧神工的巧匠，造出一座座舞榭歌楼，把丝竹管弦引进来，使华城再度发声。人们拥戴繁华登基的魄力，与时间崩塌它的速度，是同等惊人的。则此城虽空，不长空。

第二种空城，是永远空无了。虽然，旧人仍在，昔时城楼依然完好，却因为梦的遗失而无法成全。等待的人漫无止境地等着那人归来，找回遗失的那桩梦的承诺，与之合符。而寻梦的人离开城门后，再也不敢回来；他自知那桩梦约已随少年心境的消失而消失，虽然仍用旧名姓、旧身世行走，却已不是有梦的少年。他不知道用什么言语对等待的人解释空城？若对方盘问他："当年，你能给我一个梦，就算那梦已经找不回了，难道，你现在不能给我另一个梦？你仍然是你呀！"

他要如何说明白：人，不可能给两个人同一种梦；也不可能给同一个人两种梦！

当时，春光少年，他与对方缔梦时说过："再不可能对别人说这话了！"初梦已渺，已无法在现世上开花结实。他流徙于江海中，曾有过机会，他人捧着梦要来与他交换，他终于不能再次允诺，基于对年少初梦的尊敬，与对那一位等待者的保护——既然，不能与你合梦，自不会与他人成全了。桃花总是流成水，他在失梦的华光中风尘满面。

等待的人，会继续等下去，基于对年少初梦的敬重。

流落的人，会继续流落下去，基于对年少初梦的敬重。

空城，永远空城。

第七卷

雪夜柴屋

你若问我，走的是哪条路？

我说，

【
是哭过能笑，

记时能忘，
】

醒后能醉的那条小径。

【枫桥夜泊】

唐·张继

月落乌啼霜满天，
江枫渔火对愁眠。
姑苏城外寒山寺，
夜半钟声到客船。

一口闲钟

空城，是我。

经年行路，风霜中最惦念的是故乡那扇小轩窗，几次梦里潜入芭蕉院，看见少年的她梳出白发。她的夜半孤影总让我不能放心。

无家，可以禀明生死；无兄弟，可以话桑麻；等我的人，我却无梦相赠。

身，已如秋蓬；心，寄托行云流水，我怎能再做春闺梦里人？

故里重回，旧友流散，与我缔结初梦的人也已儿女成行。最后一个牵动心绪的人既已建筑家室，守住了春花秋月，我可以完全放下了。

她不会知道那个出远门的人，枯坐在市集一隅，远远看她提篮牵儿，从眼前走过。

她不会听到，当她与小贩评论斤两时，我幽微的喟叹。

她不会知道，多少次我在梦中重回江亭，折了春柳，放在她打水浣衣的井边。

她不明白，我仍然熟诵当年的誓词，每当与锣鼓花轿错身时，那誓言又绞痛了我的心。

她怎能了解，我山高水长地想遗忘她的容貌，又在异乡庄园寻找似她身影的人。

我仍是一个不告而别的人，毁了她少年春闺的人，辜负她的人。

当她走入另一个屋檐，她的少年空城也归还给我了。

那么，除了遥遥一见，我焉能怀抱两座空城走到她的面前，把残枝败柳的故事又说一遍呢？

让她永远不知道我是生是死，则她可以安然无恙地被守护着；让她永远怨一个名字，则她可以平安地过眼前日子，不会回头找空城。

离开故里的那夜，我是空了的人。

秋霜已经爬满天，江边停泊的旅舟，或踏歌饮酒，或沉沉地眠睡。三两声夜鸟，更添秋夜静寂，水波摇晃舟身，亦摇晃榻上的

我，仿佛我与江水、秋霜都是亘古的醒者，靠了岸，又离了岸的。

如果，子夜想歌，有什么比叹息更畅怀？

子夜想醉，有什么比忘川之水更能断愁？

忽有钟声隔江传来，染了秋霜的声音听来分外清寂，仿佛偷听了我的心事后，似有似无地为我说经。

说：空山已被雾境收留了；空城，不妨赠给客船去货运；松树林寺里有一口闲钟，正等着天外客，陪它说梵音。

【寄全椒山中道士】

唐·韦应物

今朝郡斋冷，忽念山中客。
涧底束荆薪，归来煮白石。
欲持一瓢酒，远慰风雨夕。
落叶满空山，何处寻行迹？

雪夜柴屋

把父母赐我的名姓，还给故乡。

山川曾经濯我面目，我终究不能以山为冠、以水为带，做一个樵夫钓叟。

此时，我仍是无名姓之人，寻找安身的草舍。天地如此宽宏大量，我终会找到自己的卧榻。

春花锦簇，让给少年、姑娘去采吧！这世间需要年轻的心去合梦，一代代地把《关雎》的歌谣唱下去。不管江山如何易容，总会有春暖花乱，这是江山的道理，它必须给年轻的心一处可以寄托的梦土，让他们毫不迟疑地拎着梦，去找梦中人。

夏风蛙鼓，让给庄稼夫妇去听吧！柴米油盐的日子总要有人去数算，这世间才会有壮硕的孩童。土地不管如何贫瘠，它总能种出可以果腹的粮食，这是土地的道理。只要还有最后一户庄稼夫妇愿意胼手胝足，石砾土地也能养出健壮儿女的。

秋夜的星月，让给寒窗士子去赏吧！经籍固然白了少年头，那些千古不灭的道理总要有人去说破，这世间才能懂礼数。

腊月的冷冽，让我独尝罢！

我愿意在这方圆百里无村无店的山头，搭一间简陋的柴屋，储存薪木，在门前高高挂起一盏灯，招引雪夜中赶路的人，来与我煮一壶酒。

我是个半盲的人，不论是尊贵之身，还是白丁流民，都请进喝酒。

我是个半聋的人，不论是江湖恩怨，还是冤家宿仇，既喝酒就不宜多说。

我是个半哑的人，人的故事，山川风月比我更清楚；要听道理，士子僧侣比我更了然；要问路，樵夫钓叟比我更熟知。

你若问我姓名？我说，柴屋、青松、白石、雪暮，随你称呼。

你若问我，走的是哪条路？我说，是哭过能笑，记时能忘，醒后能醉的那条小径。

你还要问我是什么样的人？我说，是个春天种树，秋天扫落叶

的人。

　　你若要不知趣地往下逼问我想要做什么？我便抽一根木头，给你一棒，说："想打遍天下问我这话的人。"

【寻隐者不遇】
唐·贾岛

松下问童子，
言师采药去。
只在此山中，
云深不知处。

谁来谁做主

种几株桃树，当春风招惹它们怒放，山下的牧童会因红雨害起相思病，得用心上人的名字煎药，才能治愈。

养几头梅花小鹿，水边捣衣的姑娘看了鹿蹄，才知道该绣不分飞的鸳鸯，别向往鹿迹。

栽几棵还魂草，失魂落魄人采了吃，会记起红尘里有他的归宿。

写几卷闲诗，用松针钉在虬干上。日头来读，有日头意；月牙来读，有月牙意；蝴蝶来读，有蝴蝶意；人来读，有人世香。

留一间柴屋，叫野雀当童子。

若有人借宿，雀语会告诉他：

山川是不卷收的文章，日月为你掌灯伴读。

你看倦了诗书，你走倦了风物。

你离了家，又忘了旧路。

此时此地一间柴屋，谁进了门，谁做主。

【附录】

诗的旅人——古诗词推荐

王维　　　**木兰柴**

秋山敛余照，飞鸟逐前侣。

彩翠时分明，夕岚无处所。

王维　　　**送别**

下马饮君酒，问君何所之。

君言不得意，归卧南山陲。

但去莫复问，白云无尽时。

李白

登金陵凤凰台

凤凰台上凤凰游，凤去台空江自流。
吴宫花草埋幽径，晋代衣冠成古丘。
三山半落青天外，二水中分白鹭洲。
总为浮云能蔽日，长安不见使人愁。

李白

沙丘城下寄杜甫

我来竟何事？高卧沙丘城。
城边有古树，日夕连秋声。
鲁酒不可醉，齐歌空复情。
思君若汶水，浩荡寄南征。

刘禹锡

竹枝词 之九

山上层层桃李花，云间烟火是人家。
银钏金钗来负水，长刀短笠去烧畲。

刘长卿

逢雪宿芙蓉山主人

日暮苍山远，天寒白屋贫。
柴门闻犬吠，风雪夜归人。

柳宗元

渔翁

渔翁夜傍西岩宿，晓汲清湘燃楚竹。

烟销日出不见人，欸乃一声山水绿。

回看天际下中流，岩上无心云相逐。

李商隐

晚晴

深居俯夹城，春去夏犹清。

天意怜幽草，人间重晚晴。

并添高阁迥，微注小窗明。

越鸟巢干后，归飞体更轻。

夜雨寄北

李商隐

君问归期未有期，巴山夜雨涨秋池。

何当共剪西窗烛，却话巴山夜雨时。

天涯

李商隐

春日在天涯，天涯日又斜。

莺啼如有泪，为湿最高花。

苏幕遮

范仲淹

碧云天，黄叶地，秋色连波，波上寒烟翠。山映斜阳天接水，芳草无情，更在斜阳外。

黯乡魂，追旅思，夜夜除非，好梦留人睡。明月楼高休独倚，酒入愁肠，化作相思泪。

苏轼

定风波

莫听穿林打叶声，何妨吟啸且徐行。竹杖芒鞋轻胜马，谁怕？一蓑烟雨任平生。

料峭春风吹酒醒，微冷，山头斜照却相迎。回首向来萧瑟处，归去，也无风雨也无晴。

黄庭坚

清平乐

　　春归何处？寂寞无行路。若有人知春去处。唤取归来同住。

　　春无踪迹谁知？除非问取黄鹂。百啭无人能解，因风飞过蔷薇。

秦观

踏莎行

雾失楼台，月迷津渡，桃源望断
无寻处。可堪孤馆闭春寒，杜鹃声里
斜阳暮。

驿寄梅花，鱼传尺素，砌成此恨
无重数。郴江幸自绕郴山，为谁流下
潇湘去。

辛弃疾

鹧鸪天

陌上柔桑破嫩芽，东邻蚕种已生些。平冈细草鸣黄犊，斜日寒林点暮鸦。

山远近，路横斜，青旗沽酒有人家。城中桃李愁风雨，春在溪头荠菜花。